アッ、危ない!! 職場にある危険

職場ではこんな災害が起きています。

事例 1 カバーをあけて、回転中のロールについたごみを取り除こうとして、手を巻き込まれる

右腕挫滅!!

動いている機械に手を出しては、絶対にいけません。

機械を止め、職場の管理者を呼びます。

事例 2 近道をしようと、フォークリフトの走行路を横切っているときに、転倒し、フォークリフトにひかれる

 フォークリフトの走行路を横断しては絶対にいけません。

必ず歩行者通行エリアを通り、横断歩道を渡ります。

❶ アッ、危ない!! 職場にある危険

事例 3
ダンボールを持って階段を下りていて、足を踏み外し、転落する

腰部を骨折し、3か月間入院!!

両手に荷物を持って、階段を上り下りしては、絶対にいけません。

荷物は片手で持てる量にして視界を広くします。
階段は、手すりをつかんで、上り下りします。

事例 4 棚の低い位置にある荷物を持ち上げようとして腰を痛める

ぎっくり腰、4日間の休業!!

腰をかがめて急に荷物を持ち上げてはいけません。

荷物を持ち上げるときは、腰を落としてからだの重心を下げ、荷物に体を近づけて、ゆっくりと持ち上げます。

2 あなたを守る職場のルール

職場には、ケガをしないために、絶対に守らなければならないルールがあります。あなたが働く職場のルールを正しく理解し、必ず守りましょう。

1 正しい服装と身だしなみで

作業をするときの服装は、仕事をしやすく、体を守るためのものです。決められた作業服を正しく、清潔にして着用します。

清潔な作業服を着用する。油汚れがあると着火しやすくなる。

長い髪は束ね、アクセサリーは外す。

袖をまくったり、ボタンを外したりしない。袖に粉じんがたまったり、肌が露出して、火傷、切れ、こすれなどにつながる。

タオルなどを首や腰に掛けない。機械に巻き込まれるもととなる。

2 保護具を正しく着用

　保護具の着用が決められている作業では、必ず身に着けます。
「わずらわしい」「ちょっとくらい」「面倒くさい」といって身に着けないと、ケガをしたり、病気にかかったりします。

作業に適した
保護具を正しく
着用しよう!!

❷ あなたを守る職場のルール

3 作業手順を守る

　作業を効率よく安全に行えるよう、一つひとつの作業に手順が定められています。作業手順どおりに行わないと、不良品が発生したり、事故のもととなります。
　作業手順のとおりにやりにくい場合は、管理者に相談します。勝手に変更してはいけません。
　災害の多くは作業手順を守らなかったことにより起きています。

4 作業前に安全点検を

　作業を始める前に、機械設備の安全点検を行います。点検は、機械が完全に停止した状態で行います。
　異常があれば、管理者を呼びましょう。

5 安全装置を無効にしない

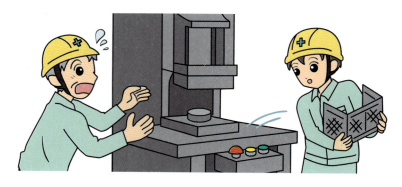

　機械の回転部などの危険な箇所には、事故を防ぐための安全装置やカバーがつけられています。仕事がやりにくいからといって安全装置やカバーを無効にしたり外したりしては絶対にいけません。

❷ あなたを守る職場のルール

6 指差し呼称でミスを防ぐ

　指差し呼称は、作業を安全に誤りなく進めるために行うものです。集中力を高め、「うっかり」「ぼんやり」などのエラーを防ぐ効果があります。

指差し呼称のやり方

①人差し指で対象を指し、しっかり見る。
②例えば、「温度 50℃」と唱えてから

③右手を耳元まで上げ対象をもう一度、しっかり見て、本当に良いかを確かめる。

④確認できたら「ヨシ！」と唱えながら、対象にむかって右手を振り下ろす。

恥ずかしがらずに、はっきりとした声、きびきびとした動作で行うと効果的。

7　4Sは、安全な職場づくりの基本

　4S（ヨンエス）は、整理・整頓・清掃・清潔の4つの頭文字（S）から名付けられたもので、仕事の基本です。

整理　必要なものと不要なものを分け、不要なものを処分する
整頓　必要なものを、使いやすいように配置する
清掃　掃除をしてゴミ・汚れをなくす
清潔　身の回りや服装をきれいな状態に保つ

※「しつけ」「習慣化」などのSを加え、5S、6Sとする職場もあります

　4Sがきちんと行われていないと、通路に置いた材料につまずいたり、濡れた床ですべったり、荷の積み方が悪くて崩れてきてケガをします。

　4Sができていると、必要なものがすぐ取り出せて、仕事がしやすくなり、効率も上がります。

❷ あなたを守る職場のルール

8 トラブルが起きたら「止める・呼ぶ・待つ」

例
・材料が詰まった！
・変な音がする！
・ランプが点滅している！

　トラブルが起きたら、非常停止ボタンを押し、すぐに管理者に連絡をし、指示を待ちます。
　自分で対処しようと、機械の動いている部分など、危険な箇所に手を出してはいけません。

ヒヤリとしたり**ハット**したことは、すぐに報告！

　作業をしていて、ケガをしそうになって危ない思いをしたり、気がかりなことがあれば、管理者に報告しましょう。
　こうした「**ヒヤリハット**」をなくすことで、大きな事故やケガが起こるのを防ぐことができます。

3 危険物・有害物を正しく取り扱おう

爆発性、発火性、引火性のある物質は、取扱い方を誤ると大変な事故になります。たとえば、油類の入っていた空のドラム缶に火気を近づけたりすると、爆発が起きてしまいます。粉じんや有機溶剤などの有害物を不注意に取り扱うと、健康に悪影響があらわれます。

危険・有害物を取り扱うときは・・・

・必ず定められた方法で作業を行う。
・作業に応じた保護具を着用する。
・危険・有害物を床にこぼしたり、直接手でふれない。

・容器に貼られた表示ラベルや安全データシート（SDS）で、取り扱う物質の性質や注意事項をよく知っておこう。

安全衛生サポートブック 4 健康診断で体をチェック

健康診断を必ず受けましょう。健康診断はただ病気を発見するためのものではありません。自分の体の状態を確認して、生活習慣を見直すことで、長く健康に働き続けられるようになります。
（生活習慣の見直しは、16ページ参照）

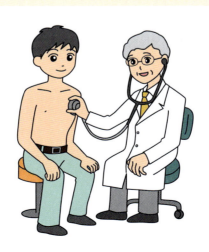

5 災害時の対応

災害が発生しても、まずは落ち着いて対処しましょう。

1. 労働災害が発生したら…

① 大きな声で、知らせましょう

あわてて救助しようと駆け寄らない。発見者や救助者がさらに災害にあう危険があります。救助は安全を確認してから。

② 現場の管理者に連絡し、指示に従いましょう

③ 指示に従って被災者を救護しましょう

状況に応じて医務室、病院への搬送を補助します。

2. 火災や地震が発生したら…

まず自分の身の安全を確保して、現場の管理者の指示に従います。
日ごろから避難する経路や消火器の位置などを確認しておきましょう。

6 安全に通勤しよう

安全に職場まで出勤し、仕事を終えたあとは、安全に帰宅することも、仕事を続けていくうえで大切です。時間に余裕をもって出発し、交通ルールを守って通勤します。

自動車通勤では・・・

運転中は、「前の車が急に停車するかもしれない」「脇道から自転車が飛び出してくるかもしれない」と、常に危険を予知して運転する「かもしれない運転」をしましょう。

自分の都合のよいように考える「だろう運転」はいけません。

自転車通勤では・・・

自転車は原則として車道の左側を走行します。

狭くて見通しの悪いところでは、スピードを落とし、徐行します。

歩行者のそばを通る時は、自転車を降りて押し歩きします。

**遅れそうな時はあわてない！
職場に連絡をして次善の策をとろう**

7 規則正しい生活で健康に

体調を整えて、仕事にのぞみましょう。

その日の疲れは、その日のうちに解消

睡眠をしっかりとり、次の日に疲れを持ち越さないようにしましょう。

生活リズムを整えると、毎日気持ちよく目覚めることができます。

睡眠不足は、心の健康にも悪影響を及ぼします。

寝たばこ、寝酒、寝る前のスマホは、安眠を妨げます！

バランスの良い食事

1日3回の食事は、健康を保ち、毎日元気に働くために重要です。

炭水化物、タンパク質、脂肪、ビタミン、ミネラル、食物繊維などの栄養素をバランス良くとりましょう。

外食が多い場合は定食など、魚、肉などの主菜のほか、野菜を中心とした副菜がとれるメニューを選びましょう。

偏った食生活は、高血圧、糖尿病など生活習慣病の原因になります！

大事にしよう 心の健康

適度なストレスは、やりがいや集中力をもたらしますが、限界を超えると、イライラしたり、不安になったり、眠れなくなったりと、心や体の病気になってあらわれます。

早めに相談

困った時には、遠慮せず早めに管理者や同僚、家族や友人に相談しましょう。

アドバイスを受けることで、うまく仕事を進められたり、手助けしてもらえて、ストレスがたまるのを避けることができます。

休日には気分転換

心と体の緊張状態をほぐすために、休日は積極的に体を動かして気分転換しましょう。気の合う友人との会話や趣味の時間を持つのもよいでしょう。

自分にあったストレス解消法を!!

あなたを守る10のポイント

定期的にセルフチェックしましょう。

1. 職場のルールを守っていますか	☐
2. 作業服・保護具は決められたとおり着用していますか	☐
3. 作業手順のとおりに作業をしていますか	☐
4. 指差し呼称で安全を確認していますか	☐
5. 身の回りの整理整頓ができていますか	☐
6. 安全カバーを取り外したり、安全装置を無効にしていませんか	☐
7. 機械のトラブル時には「止める・呼ぶ・待つ」を実行していますか	☐
8. 分からないことや困ったことは、管理者に相談していますか	☐
9. 睡眠を十分とり、朝食をきちんととっていますか	☐
10. 時間に余裕をもち、交通ルールを守って通勤していますか	☐

派遣労働者の安全衛生サポートブック
ケガをせず安全・健康に働くために

参考：平成28年度厚生労働省補助事業「派遣労働者の安全衛生サポートブック」
制作協力：一般社団法人 日本生産技能労務協会、日総工産株式会社、株式会社 平山

平成29年12月11日　第1版第1刷発行

編　者　中央労働災害防止協会
発行者　阿部 研二
発行所　中央労働災害防止協会　http://www.jisha.or.jp
　　　　〒108-0023 東京都港区芝浦3-17-12 吾妻ビル9階
電　話　販売／03（3452）6401　編集／03（3452）6209
デザイン制作　㈱Key ProCreative
印　刷　㈱丸井工文社

Ⓒ JISHA 2017　21580-0101
定　価　（本体200円＋税）
ISBN978-4-8059-1786-2　C3060　¥200E

本書の内容は著作権法によって保護されています。本書の全部または一部を複写（コピー）、複製、転載すること（電子媒体への加工を含む）を禁じます。